ESSAI
SUR
LA PEINTURE, LA SCULPTURE, ET L'ARCHITECTURE.

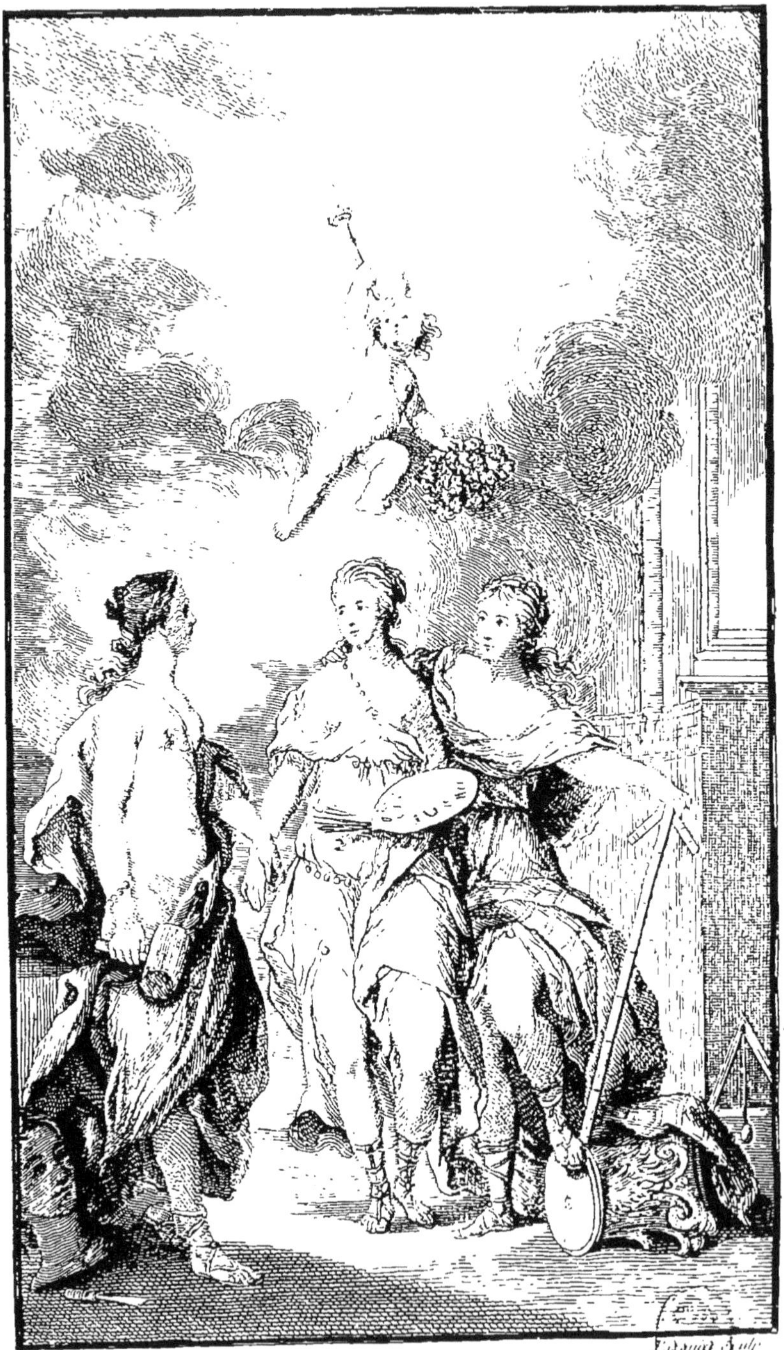

B. inv. P. del.

. . . . Facies non omnibus una,
Nec diversa tamen : qualem decet esse sororum.

Ovide métam. liv.

ESSAI

SUR

LA PEINTURE, LA SCULPTURE, ET L'ARCHITECTURE,

PAR M. DE B**********

SECONDE EDITION,

REVUE, CORRIGÉE ET AUGMENTÉE.

. . . . ; Facies non omnibus una,
Nec diverſa tamen : qualem decet eſſe ſororum.

OVID. Metam. L. 2.

M. DCC. LII.

AVERTISSEMENT.

QUAND j'ai commencé ce petit Ouvrage, je n'avois que l'intention de lui donner la forme d'une Lettre. Je voulois simplement répondre aux questions d'un Ami * de distinction qui m'en avoit pressé; mais insensiblement l'Ouvrage s'étant beaucoup étendu, j'ai cru devoir lui donner une autre forme, sous le titre d'*Essai*. Effectivement on ne peut guères le qualifier autrement, & encore cet *Essai* est-il bien superficiel, puisque je n'ai fait qu'effleurer des matières qui demanderoient bien plus de discussion : mais peu de talent,

* M. de Sainte Palaye de l'Académie Royale des Inscriptions & Belles-Lettres.

A

nulle pratique, beaucoup d'inclination pour cette vie qu'Horace caractériſe ſi bien dans une de ſes Satyres *, ne m'ont pas permis d'aller plus loin. Un grand loiſir, & peut-être quelque goût naturel, aidé par les circonſtances, m'ont ſeulement mis à portée de m'occuper quelquefois de ce qui concerne les Beaux Arts. Je demande donc à ceux qui me liront, ſi je puis me flatter d'être lû, un peu d'indulgence pour cette foible production, en faveur des motifs qui me l'ont fait entreprendre.

J'ai voulu prouver dans cet écrit, qu'avec quelques diſpoſitions naturelles, aidées d'une bonne éducation,

.... * Nunc ſomno & inertibus horis
Ducere ſollicitæ jucunda oblivia vitæ.

Satyr. 6. L. 2.

on pouvoit acquérir bien des lumières, ſur-tout en s'apppliquant, en réfléchiſſant, en comparant. Je m'eſtimerois trop heureux, ſi mon *Eſſai* pouvoit produire cet effet ſur quelques-uns de mes Lecteurs, & les encourager à ſuivre les routes que je n'ai fait qu'indiquer. Ce ſeroit leur procurer de nouveaux plaiſirs, plus honnêtes ſans doute que beaucoup d'autres, & peut-être auſſi amuſants. C'eſt dans cette vûe, que j'ai feint dans mon Ouvrage des promenades, & des converſations avec un Ami ſenſible & homme d'eſprit : c'eſt un éxemple que je donne ; on peut le ſuivre, il ne peut qu'intéreſſer, flatter l'amour propre, & être de quelque utilité.

Je n'en dirai pas davantage à ce ſujet. Quelques Amis m'ont ſouvent répété que quelquefois je parlois trop peu, & d'autrefois trop longuement ſur ces matières. A l'égard du premier reproche, je crois ne devoir pas m'en juſtifier : mais ne pourrois-je pas répondre au ſecond, que l'on eſt aiſément prolixe quand on parle de ce qu'on aime, & qu'il eſt bien rare de ne pas ennuier ceux qui n'ont pas les mêmes inclinations que nous.

Si, entre les Artiſtes qui verront cette ébauche, quelques-uns d'eux penſent que j'ai eu tort d'écrire ſur des Arts que je n'ai point pratiqués; * (outre qu'heureuſement je ne ſuis pas le ſeul) je puis leur répondre, qu'ils ſeroient fort à plaindre, s'il n'étoit permis qu'à leurs Confrères de s'y

* Nous avons ſur ces matières pluſieurs excellens Ouvrages : leurs Auteurs n'étoient point Artiſtes.

connoître & d'en parler : ſouvent leurs Ouvrages ne ſeroient peut-être pas aſſez loués à leur gré. Ceux qui courent la même carrière ſont preſque toujours rivaux, & ſouvent rivaux jaloux. Je ne ſuis pas dans le cas, & j'ai toujours fait un de mes plus chers plaiſirs de voir, d'admirer, de louer les Ouvrages & les talens de ceux d'entre nos plus célébres Artiſtes que j'ai eu l'avantage de connoître.

On pourra peut-être dire encore, après la lecture de cet *Eſſai*, qu'on n'y trouve rien de neuf, & qui même n'ait été imprimé pluſieurs fois ; j'en conviendrai ſans peine : mais, outre que les mêmes matières y paroiſſent ſous une autre forme, mon Ecrit a du moins le petit mérite de raſſembler bien des choſes éparſes ailleurs. Par-là j'épargne la peine de les chercher où elles ſont. Au reſte je n'ai pas prétendu écrire pour ceux qui ſont déja *Connoiſſeurs*, mais pour ceux qui veulent le devenir.

........Fungar vice cotis, acutum
Reddere quæ ferrum valet, exſors ipſa ſecandi.

HORAT. Art. Poët.

ESSAI
SUR
LA PEINTURE, LA SCULPTURE, ET L'ARCHITECTURE.

LA PEINTURE.

J'ENTENS tous les jours dire dans le Monde, même à des gens d'esprit, qu'ils ne se connoissent point en Peinture : j'avoue que ce discours souvent répeté m'a souvent impatienté. Ceux qui tiennent ce langage ſont de pluſieurs eſpéces. Les uns l'affectent par je ne ſçais quel orgueil ſecret, fort mal-entendu ſans doute, & comme pour ſe vanter de leur ignorance ; & voici ce que cela ſignifie (ils n'oſent le dire, mais c'eſt comme s'ils le diſoient) *Je ſuis un homme d'eſprit, qui ne me ſuis jamais amuſé de ces bagatelles, je me ſuis occupé de choſes plus importantes.* D'autres encore plus ridicules, diſent à peu près la même choſe, mais voici ce qu'ils veulent faire entendre : *Je ſuis un homme de plaiſir, un homme élégant, un voluptueux, un homme à bonne fortune, trop aimable, trop recherché pour avoir eu le loiſir de penſer à ce qu'on appelle* Beaux Arts, Sciences *& autres misères ennuieuſes à périr pour gens de mon eſpéce.* D'autres plus eſtimables, qui n'ont que du bon Sens, & à qui des circonſtances, ou des occupations forcées ont enlevé la meilleure partie de leur tems, avouent de bonne foi, que ne s'étant jamais appliqués aux choſes de goût, ils n'en ont aucune connoiſſance. C'eſt à ces gens que je voudrois parler, & je les en crois dignes. Voici à peu près ce que je pourrois leur dire : Vous êtes hommes de bon Sens & de bon eſprit, il ne vous manque qu'un peu de réflexion & d'application, pour devenir ce qu'on appelle *Connoiſſeur* : & pour gagner du tems, j'irois tout d'un coup aux éxemples. Quand vous regardez un Tableau, leur dirois-je, ne faites pas comme ceux qui ont des yeux & qui ne voient rien, qui regardent ſans rien appercevoir. Si c'eſt un Tableau d'Hiſtoire, éxaminez ſi le Peintre a bien rendu l'action qu'il a voulu repréſenter. Ceci demande quelque explication, la voici: Quand le Tableau repréſente un événement triſte, ſi l'attitude, ſi l'expreſſion répandue ſur les viſages des Figures qui entrent dans ſa composition, annonce de la tristesse; si vous en ressentez vous-même en le regardant, soiez sûr que ce Tableau a déja un des principaux mérites que ces sortes d'ouvrages doivent avoir. Si c'est un sujet gai, & qu'il excite en vous un sentiment de gaieté, portez-en le même jugement : il en est ainsi de tous les autres genres. Si c'est un Païsage, vous avez été à la Campagne, ajouterois-je, vous vous y êtes promené; il n'est pas que vous n'aiez rencontré quelquefois des endroits qui vous aient paru agréables, où vous vous soiez arrêté quelques momens avec plaisir, & où même vous aiez desiré d'avoir une habitation, que la solitude, l'air champêtre, le coup d'œil de la Nature rendroient aimable. Si le Tableau vous rappelle ces idées, prononcez hardiment; Voilà un beau Tableau. Il en est de même de ceux qui représentent les Saisons, les Marines, les Naufrages, les

Déſerts : en un mot, tous ceux qui rendent la Nature comme vous l'avez vûe, & comme elle eſt, ſont de bons Tableaux en ce genre.

Pour les Portraits tout le monde peut ſe connoître à la reſſemblance, hors quelques eſprits bourrus, qui pour faire les grands Connoiſſeurs, affectent de ne pas trouver reſſemblans ceux qui le ſont le plus. A l'égard des accompagnemens d'un Portrait, comme les draperies, les attitudes, la couleur, la touche ; ce ſont des choſes qui demandent un peu plus de réflexion & de connoiſſance, mais qui ne ſont pas ſi difficiles à acquérir que la plupart des gens ſe l'imaginent. Revenons aux Tableaux d'Hiſtoire dont je me ſuis trop écarté, & trop tôt.

Quel eſt l'homme d'eſprit, pour peu qu'il ſoit ſenſible, qui ne ſe ſente extrêmement affecté, quand il voudra regarder avec attention le beau Tableau où feu

M. *Antoine Coypel* *, Premier Peintre du Roi, a repréſenté le Sacrifice de Jephté? Qui n'éprouvera les mêmes ſentimens à la vûe du Sacrifice d'Iphigénie peint par M. *Charles Coypel*, digne fils du précédent, & qui remplit ſi bien aujourd'hui la même place **? Ce ſont à peu près les même ſujets; mais quelle variété dans la compoſition, dans les attitudes, & dans les expreſſions! Que d'eſprit, que de nobleſſe, que de fineſſe & d'élégance! Ceux qui ne ſeront pas touchés vivement à la vûe de ces chefs-d'œuvres, ſont des gens qu'il faut laiſſer là, ſans leur parler de ces ſortes de choſes: on ne parviendroit jamais à leur en faire ſentir les beautés.

Je pourrois citer pluſieurs autres ou-

* *Antoine Coypel*, né à Paris en 1666. mort en 1722. fils de *Noël Coypel*, né en 1629. à Paris, mort en 1707. frere de *Noël-Nicolas Coypel*, né à Paris en 1692. & mort en 1737. & pere de *Charles Coypel*, aujourd'hui vivant. (1752).

** Le Sacrifice de Jephté, par *Antoine Coypel*, a été gravé par *Duchange*, excellent Graveur de l'Académie. Celui d'Iphigénie, par M. *Charles Coypel*, n'a pas été gravé & mériteroit bien de l'être.

vrages de ces deux habiles Maîtres, sur lesquels il n'y auroit que les mêmes éloges à répéter. Le précepte d'Horace

. . . . Si vis me flere, dolendum est
Primùm ipsi tibi, *Art. Poët.*

peut être appliqué aux Peintres, aux Poëtes, * aux Auteurs de Piéces de Théâtre, aux Acteurs qui les jouent, & aux Orateurs : mais pour le bien sentir, & pour l'observer dans toute son étendue ; il faut posséder les qualités réunies dans les deux hommes de mérite dont je viens de parler. Heureusement nous avons aujourd'hui dans nos différentes Académies, plusieurs hommes de ce genre : profitons-en, emploions-les, & sentons les belles choses qu'ils sont capables de produire.

Ce que je vais raconter, prouvera en partie ce que j'ose avancer ici, & servira à mener au but que je me suis proposé, & que je propose aux autres.

* *Ut Pictura Poësis.*
Hor. De Art. Poët.

J'étois un jour dans les grands appartemens du Château de Verſailles avec un Ami, homme de beaucoup d'eſprit, qui devoit tout à la Nature, & à qui différentes occupations n'avoient pas laiſſé le tems de s'appliquer à ce qui regarde les Sciences & les Beaux Arts. Je lui avois toujours connu aſſez de ſenſibilité & de fineſſe dans l'eſprit, pour m'être perſuadé, qu'il eût pénétré plus que perſonne dans ce qu'on appelle les Myſtères de l'Art, ſi ſon genre de vie lui avoit permis de s'y appliquer. Je voulus me procurer le plaiſir d'eſſaier, ſi je ne pourrois pas parvenir à lui en donner quelques idées. Nous avions du loiſir, l'abſence de la Cour nous laiſſoit preſque en ſolitude, il faiſoit le plus beau tems du monde, le jour étoit clair & ſerein. Je m'arrêtai à deſſein devant le magnifique Tableau de la famille de Darius par M. *Le Brun* *, & voici à

* Charles *Le Brun*, né à Paris en 1618, mort en 1690.

peu près ce que je dis à cet Ami que je voulois mettre en voie de s'instruire.

Regardez, je vous prie, avec attention ce Tableau : il y a longtems que vous le connoissez, mais obligé de passer ici rapidement pour aller vacquer à vos affaires, peut-être ne vous y êtes-vous jamais arrêté assez long-tems pour le bien éxaminer, & pour en sentir toutes les beautés. Arrêtons-nous-y, puisque nous en avons le tems, & je suis persuadé que vous n'y aurez pas regret. Il représente, comme vous voiez, le moment où Alexandre, après avoir mis en fuite Darius & son armée, entre dans la tente où la famille de ce Prince malheureux s'étoit retirée.

Remarquez, que la première Figure qui attire les regards, est celle d'Alexandre. Cela devoit être ainsi, puisque ce Prince est le principal personnage de cette Scène intéressante : il se distingue encore par la beauté de ſon viſage, & par la magnificence de ſon armure; on voit tout d'un coup qu'il eſt le Héros de la piéce : l'air de ſon viſage n'eſt point celui d'un Héros ſanguinaire, échauffé par l'ardeur du combat; c'eſt celui d'un Prince débonnaire, & rempli d'humanité. Il ne vient point, en vainqueur impitoiable, triompher de ſes ennemis & de ſes captifs; il vient raſſurer des Princeſſes affligées que le ſort des armes a fait tomber entre ſes mains, il vient les conſoler.

Il s'appuie légèrement ſur les bras d'Epheſtion ſon favori, & un de ſes principaux Capitaines. Quoiqu'Epheſtion ſoit jeune & noblement armé, ſa Phiſionomie eſt moins diſtinguée que celle d'Alexandre; on ſent tout d'un coup, que le favori n'eſt là qu'en ſecond. Voiez cette Femme âgée, proſternée aux pieds d'Alexandre, & qui les lui embraſſe; c'eſt Sizygambis, mere de Darius : remarquez la Femme à

genoux

genoux qui eſt derrière cette mere infortunée : la nobleſſe de ſon viſage, ſon diadême, & un jeune Enfant qu'elle préſente à ſon vainqueur, font connoître que c'eſt la Femme du malheureux Roi de Perſe. Cet Enfant, d'un âge trop peu avancé pour ſentir ſon malheur, regarde Alexandre avec la ſurpriſe que lui cauſe la vûe de ce Héros qu'il ne connoît point. Deux des Filles de Darius ſont auſſi à genoux, comme vous voiez, derrière leur mere : l'aînée, en âge de ſentir ſon infortune, a les yeux baiſſés, elle pleure, elle eſſuie ſes larmes. La plus jeune, derrière ſon aînée, joint les mains comme pour demander grace, & regarde Alexandre avec un air de ſurpriſe & d'émotion ; on croit même y démêler une eſpéce d'Admiration dont elle ne ſent pas les conſéquences. On croiroit volontiers qu'elle eſt plus occupée de la belle Figure du Héros qu'elle regarde, que de l'événement présent. Une Femme âgée qui est derrière elle, semble vouloir la détourner de cette application, en lui montrant Sizygambis prosternée, & dans l'état de la plus profonde humiliation. On voit sur le visage de cette Princesse un air de noblesse qui y conserve encore quelques restes de beauté, malgré la décrépitude de l'âge. Enfin tous les visages, toutes les attitudes des Personnes représentées dans ce magnifique Tableau, ont les expressions convenables à leur âge, à leur situation, & à leurs conditions. On y remarque de la surprise, de la curiosité, de l'étonnement, de la douleur, du respect, de l'admiration. Les uns prient, les autres implorent; leurs habillemens même indiquent la différence de leur état. Voiez dans ce coin, derrière ces Princesses, un Esclave prosterné la face contre terre: accoutumé à l'humiliation de l'esclavage, il se cache le visage, il a les mains jointes par-dessus sa tête, il n'ose lever les yeux sur ses Maîtres. Cette héroïque Scène se passe sous une Tente magnifique, dont le fond tient presque celui du Tableau : elle est suspendue à des arbres de la nature de ceux du Païs où elle est (attention que tous les Peintres n'ont pas toujours eue.) On y voit des Armes à l'usage des Perses, différentes de celles des Grecs. En un mot tout, dans ce Tableau, décéle l'esprit du grand Peintre qui l'a composé : il a observé les coutumes des lieux dans les habillemens, & dans tout ce que les Italiens appellent *il Costume*, mot auquel nous n'avons point encore trouvé d'équivalent. *

Après cet examen que j'abrégeai le plus qu'il me fut possible, car j'aurois eu encore bien des choses à dire en faveur

* Ce Tableau a été parfaitement gravé, 1°. par *Edelinck*; 2°. dans une forme plus petite par *Benoît Audran*; 3°. en très-petit par *Sébastien Leclerc*, tous excellens Graveurs.

de ce beau morceau, j'eus le plaisir de voir mon Ami sentir & goûter tout le mérite de cet ouvrage. Si vous voulez, lui dis je, nous irons examiner de même le Tableau de *Paul Véronèse*, qui est vis-à-vis celui que vous venez de voir avec tant de plaisir. J'espère que vous ne trouverez pas notre tems mal emploïé. Très-volontiers, me répondit-il, les momens que nous venons de passer avec M. *Le Brun*, m'ont paru courts, & agréablement remplis. Je crois, lui répliquai-je, que son voisin ne vous amusera pas moins. Le terme *de voisin* me rappella le mot d'un Prélat Italien, Nonce en France, homme d'esprit & de goût, mais peut-être un peu trop prévenu pour les ouvrages de son Païs, & peut-être aussi rendant trop peu de justice à ceux du nôtre : ce Nonce étoit M. *Delfini*. Louis XIV. voulant lui donner une idée avantageuse de l'*Ecole Françoise*, le conduisit à l'Appartement où ſont les Tableaux de la Famille de Darius, & des Pélerins d'Emmaüs. Interrogé par ce Monarque, auquel des deux il donnoit la préférence, par ménagement pour M. *Le Brun* qui étoit préſent & que tous les Courtiſans combloient d'éloge, il répondit ; *bella pittura, mà ha cattivo vicino* ; « Voilà un » beau Tableau, mais il a un méchant » voiſin, » montrant le Tableau des Pélerins d'Emmaüs. On ſent que le Prélat vouloit donner, par ce mot, la préférence au Peintre Italien ſur le François : mais, en retournant les objets, n'auroit-on pas pû dire, avec autant de vérité, que le Tableau de la Famille de Darius étoit un dangereux voiſin pour celui des Pélerins d'Emmaüs ? Voyons, ſans partialité, ce qu'on en doit penſer.

Ce Tableau de *Paul Véronèſe** , Peintre

* Son nom étoit *Paul Caliari*, on l'appella *Véronèſe*, à cauſe de Vérone ſa patrie. Il mourut en 1588. âgé de 58. ans. Son Tableau des Pélerins d'Emmaüs, a été bien gravé par *Thomaſſin*.

Vénitien, repréſente, comme vous voiez, Jeſus-Chriſt à table avec les Pélerins d'Emmaüs. Le Sauveur eſt au milieu d'eux, & au milieu du Tableau; les deux Pélerins ſont aſſis, un à chaque bout de la table: tous les autres Perſonnages ſont debout, & en grand nombre. Selon toutes les apparences, celui qui a fait faire ce Tableau, s'y eſt fait repréſenter avec toute ſa Famille, & une partie de ſes domeſtiques. On croit que la plupart des têtes ſont des Portraits, ce qui eſt peut-être cauſe qu'on y trouve peu d'expreſſion. Vous voiez dans un des coins de ce Tableau, un Homme debout, & auprès de lui une Femme qui porte dans ſes bras un Enfant nud; quelques perſonnes croient que c'eſt *Paul Véronèſe* lui-même, avec ſa Femme. Peut-être que le Perſonnage qui eſt debout, derrière un des Pélerins, eſt le Noble Vénitien pour lequel *Paul Véronèſe* a peint ce Tableau.

Tous les habillemens ſont comme on les portoit à Veniſe dans ce tems-là, à l'exception de ceux du Chriſt, & des deux Pélerins, qui ſont drapés de fantaiſie & de grande manière, pour parler les termes de l'art.

Remarquez ces deux Enfans que voilà ſur le devant & dans le milieu du Tableau au bas de la Table : ils badinent avec un grand Chien, qui tranquillement les laiſſe faire : en cela le Peintre a imité la Nature. Ce petit Groupe eſt d'une grande beauté ; les deux Enfans ont, comme vous voiez, de beaux viſages qui repréſentent à merveille la douceur & la candeur de ce premier âge ; leurs habits ſont magnifiques & d'étoffes fort riches. Près de ceux-ci, eſt un autre Enfant ; vous le voyez un genou en terre, il tient entre ſes bras un petit Chien, il paroît ſe jouer avec lui, mais paſſons à des choſes plus intéreſſantes.

Vous ferez sans doute sensible à l'air de tête du Christ : il regarde le Ciel, & a la bouche entr'ouverte sans doute pour prier. Vous trouverez dans cette tête de la majesté, de la douceur, de la bonté, de la noblesse, & pour ainsi dire, de la Divinité. Vous sentirez tout d'un coup, que ce visage est celui d'un homme d'un ordre bien supérieur à tous ceux qui sont représentés dans ce Tableau. Le Christ éleve sa main droite, les doigts étendus, & paroît bénir le Pain qu'il tient dans sa main gauche, laquelle est appuiée sur la Table. Le Peintre a voulu représenter le moment de la Consécration du Pain, & il s'en est bien tiré. Généralement parlant, toutes les têtes de ce Tableau sont belles, bien peintes, & de bonne couleur : quelques-unes ont de l'expression, le plus grand nombre n'en a point : une des plus caractérisées, est celle d'un des deux Pélerins, il regarde le Chriſt avec reſpect & vénération : il marque par la poſition de ſes bras & de ſes mains, qu'il eſt ſenſiblement affecté de ce qu'il voit : il paroît pénétrer une partie du Myſtère qui s'opère à ſes yeux. Tout le fond du Tableau, comme vous voiez, repréſente une magnifique Architecture, peut-être peu convenable au lieu où ſe paſſe la Scène. *Paul Véronèſe* excelloit à ces ſortes de fonds : il a eu de la complaiſance pour lui même, & n'a pas eu le courage de ſe reſtreindre à une décoration plus ſimple, qui par-là eût mieux convenu à l'endroit qu'il dévoit repréſenter. Mais peut-être aurions-nous tort de nous en prendre au Peintre de tous ces petits défauts de convenance : ſans doute nous lui rendrions plus de juſtice, en penſant que le Noble Vénitien qui lui a demandé ce Tableau, ignorant apparemment les convenances, a voulu obſtinément qu'il repréſentât une partie de ſon Palais, de ſa Salle à manger, de ſon beau Buffet. Il l'a obligé de mettre dans ce Tableau, ſa Femme, ſes Enfans, ſes Chiens, ſes Domeſtiques, & même juſqu'à ſes Négres & ſon Cuiſinier. Plaignons les Peintres, quand ils ſont forcés de prêter leur main & leur pinceau à de pareils caprices. ſi *Paul Véronèſe* n'étoit tombé que cette fois dans le défaut que nous relevons ici, nous aurions tort de nous en prendre à lui : mais cela lui eſt arrivé très-ſouvent, peut-être auſſi par les mêmes raiſons. Ainſi excuſons-le dans ſes écarts, & admirons-le dans ce qu'il a fait de beau. D'autres peintres anciens, fort habiles ont pris quelquefois de plus grandes licences ; en repréſentant, par éxemple une ſainte Famille, ils y ont introduit des Saints qui n'y furent jamais, des Portraits d'Hommes & de Femmes en fraiſe & en colerette, des Moines même. Ceux qui ont fait faire ces Tableaux, l'ont voulu ainſi : ils étoient charmés d'y retrouver leur Famille, leur Patrons, leurs Confeſſeurs.

Après ce que nous venons de dire, vous pouvez, en quelque ſorte, faire la comparaiſon de ces deux Tableaux, & ſentir lequel l'emporte ſur ſon Rival; mais un détail éxact nous méneroit trop loin. Contentons-nous de dire, qu'on voit dans celui de M. *Le Brun* la compoſition, l'ordonnance, le deſſein, l'expreſſion, le *Coſtume*, & les bienſéances; le tout porté à la plus grande perfection. Dans celui de *Paul Véronèſe*, la plus belle couleur, la plus belle pâte, la touche la plus large, la plus ferme, & le pinceau le plus moëlleux & le plus léger. Je ne prétends pas dire par-là, que M. *Le Brun* manque de ces parties; car outre que ſon Tableau de la Famille de Darius eſt très-bien peint, d'une manière facile & légère, quel Peintre a mieux réuſſi, que ce grand Maître, dans la partie du coloris, quand il a voulu, ou pû y apporter tous ses soins ? J'en pourrois citer bien des éxemples capables de ramener ceux qui ne lui rendent pas assez de justice en ce point. Je nommerois entr'autres son Tableau du Massacre des innocens, qui est au Palais Royal : il se soutient, pour le coloris, auprès des Tableaux d'Italie qui passent pour des modèles en ce genre de perfection ; & il leur est supérieur à bien d'autres égards. Je n'oublierois pas certains morceaux de la Gallerie de Versailles qu'il a peints lui-même, son Tableau de la Vierge au silence, & tant d'autres excellentes Pièces.

Mais quand on fera réflèxion, que M. *Le Brun* étoit Premier Peintre du Roi, & chargé seul de tous les ouvrages que Louis XIV. jeune & magnifique, & qui vouloit jouir, lui ordonnoit d'éxécuter ; qu'il donnoit les desseins de tout ce qui se faisoit dans les Maisons Royales, comme Plafonds, Tableaux, Statues, Vases, Tapisseries, enfin jusqu'aux ouvrages de Serrurerie, on ne sera pas étonné, que tout ce qui sortoit de sa main ne fût pas également soigné; on le sera plutôt, qu'un seul homme ait pû suffire à tant d'entreprises d'une nature si différente.

Il avoit de bons Eléves formés sur ses leçons & ses éxemples; éducation qui lui avoit pris beaucoup de tems : il faisoit tous les desseins lui-même, ils éxécutoient ensuite; & quand il en avoit le loisir, il retouchoit de sa main les endroits qui lui paroissoient mériter plus d'attention; ce que des yeux connoisseurs distinguent aisément, & que de moins éclairés confondent. Ainsi pour terminer l'espéce de comparaison que nous venons de faire de M. *Le Brun* & de *Paul Véronèse*, du Tableau de la Famille de Darius & de celui des Pélerins d'Emmaüs, convenons, si vous voulez, que l'un a des parties que l'autre n'a pas, & que l'autre en posséde quelques-unes dont son voisin manque; ou, pour mieux dire, affirmons que ce sont deux des plus beaux Tableaux qu'on puisse voir & que leurs Auteurs furent deux des plus grands Peintres qui aient jamais existé.

Au reste (& cette observation est tout à fait nécessaire ici) quand on regarde un ancien Tableau il faut faire attention au tems qu'il y a qu'il est peint, & aux accidents qui peuvent lui être arrivés. Il peut avoir souffert de l'humidité, de la sécheresse, de la fumée. On a voulu le nettoier, on s'y est mal pris, on l'a écuré: on a peut-être emporté de la couleur, on en a repeint par dessus; ces nouvelles teintes ont noirci & fait des taches: on a peut-être verni ce Tableau plusieurs fois, & avec de mauvais vernis qui a jauni, & altéré la couleur originale. Que de raiſons pour que ce Tableau ſoit fort différent de ce qu'il étoit au ſortir de la main du Peintre! Il faut ſe tranſporter, pour ainſi dire, au tems où il a été peint, & le juger en conſéquence.

On doit penſer que les Tableaux *du Corrége*, *du Titien*, *de Paul Véronèſe*, *du Tintoret*, *de Rubens*, & *de Vandyck* étoient de la plus belle couleur en ſortant de leurs mains. Les Tableaux de *Paul Véronèſe* ſont même dans un cas particulier. Ce grand Peintre faiſoit la faute de ne point emploier d'outremer dans ſes Ciels: il ſe ſervoit de cendre bleue, cette couleur a noirci, ce que n'auroit pas fait l'outremer, & ſes Ciels ſont devenus tout noirs; il n'eſt prèſque pas poſſible de les racommoder, du moins cela eſt très-difficile.

A l'égard des Tableaux modernes, le tems à part, ils ont pû être expoſés aux mêmes inconvéniens que les anciens, ſur-tout ceux qui ont été copiés en Tapiſſeries, comme la Famille de Darius, les Batailles d'Alexandre du même M. *Le Brun*, & bien d'autres. Pour les tranſporter & les copier, on les roule & les déroule ſans ceſſe. Quand la copie eſt achevée, on les roule encore tout à fait, & on les laiſſe quelquefois longtems dans les Atteliers ſouvent humides ; tout cela les altère beaucoup : c'eſt ce qui eſt arrivé ſur-tout aux Batailles d'Alexandre.*

Vous voiez, ajoutai-je en continuant d'adreſſer la parole à mon Ami, vous voiez que juſqu'ici je ne ſuis point entré dans les détails, ils ſont immenſes. Je n'ai

* Quelles obligations n'a-t-on pas à M. *de Tournehem* & à M. *Coypel* ! C'eſt par leurs ſoins, & ſous leurs yeux, qu'on a commencé à nettoier & reſtaurer les Tableaux du Roi. Cette opération ſe continue avec conſtance, & dans quelque tems on aura la ſatisfaction de voir toutes ces richeſſes ineſtimables dans le meilleur état. On devra à ces excellens Citoiens la conſervation de tant de précieux monumens, qui ſans cela étoient prêts à périr. On en voit déja d'heureux effets à Paris, au Palais du Luxembourg, & à Verſailles à l'Hôtel de la Sur-Intendance des Bâtimens du Roi. Les Tableaux de Paris ſont confiés à la garde de M. *Bailly*, ceux de Verſailles à celle de M. *Portail* ; tous deux très dignes de cet honorable emploi.

n'ai point traité, par exemple, la façon de distinguer un bon Original d'avec une bonne Copie. Les plus habiles Connoisseurs s'y trompent souvent : il est même arrivé à des Peintres de s'y méprendre sur leurs propres ouvrages. En effet, quand ils ont répété le même Tableau, ne sont-ce pas deux Originaux? il n'est cependant pas impossible d'y trouver quelque différence. Le premier fait a presque toujours un certain feu que le second peut ne pas avoir.

Quand un bon Peintre a fait copier son Tableau par son meilleur Eléve, & qu'il l'a retouché partout, c'est son propre Ouvrage; comment le distinguer ? à moins qu'il n'ait eu l'attention d'y mettre des différences : ce qui est arrivé quelquefois. On doit donc être très-réservé à prononcer sur cela : pour le faire avec sûreté, il faut bien examiner, bien comparer, & avoir une grande expérience. Quelques Eléves ont si bien imité leurs

Maîtres, qu'il eſt mal-aiſé de ne s'y pas tromper. Il y a eu d'habiles Peintres qui ſe ſont ſi fort appliqués à prendre la manière de quelques autres, qu'ils ont ſouvent fait illuſion. Cela eſt arrivé à *Luc Jordan* Napolitain, Eléve de l'*Eſpagnolet*; à *David Téniers* Flamand; & parmi les plus modernes, MM. de *Boulogne* ont été d'excellens imitateurs : ces ſortes de Tableaux s'appellent des *Paſtiches*.

A l'égard de la facilité à connoître de quel Peintre eſt un Tableau, on ne peut ſe la procurer qu'à force de voir des Ouvrages du même Maître. C'eſt la plus petite partie de ce qu'on appelle *Connoiſſance* en Peinture, & la plus aiſée à acquérir.

Mon Ami parut content de toutes ces objections, & nous nous ſéparâmes. Le lendemain nous nous rejoignîmes l'après-midi, & nous eûmes une converſation qui roula ſur une autre matière. Je vais en rendre compte, elle fait partie de mon objet.

ESSAI
SUR
LA PEINTURE, LA SCULPTURE, ET L'ARCHITECTURE.

LA SCULPTURE.

NOus entrâmes, mon Ami & moi, dans le Jardin de Verſailles : nous en admirâmes l'étendue, l'arrangement, la diſtribution, la magnificence. Nos yeux étoient ſur-tout frappés de la prodigieuſe quantité de Statues qui décorent ces lieux enchantés : mais à la fin , nous ſentîmes une eſpèce de ſatiété , cauſée par la multitude de ces ſortes d'Ouvrages ; & peut-être fûmes-nous tentés de ſouhaiter qu'il y en eût moins.

Effectivement , dis-je à mon Ami , on a prodigué ici les Statues , & il eſt impoſſible qu'elles ſoient toutes également belles. Cependant il s'y trouve des Chef-d'œuvres, & nous en remarquerons quelques-uns , ſi vous voulez que nous parlions de Sculpture , à peu près comme nous nous occupions hier de Tableaux. Très-volontiers , me répondit-il , d'un ton qui marquoit ſon deſir & ſon empreſſement.

J'étois parvenu la veille à lui faire ſentir une partie des beautés qu'un Tableau doit avoir pour plaire ; j'eſpérai le même ſuccès par rapport aux Ouvrages de Sculpture , & je ne fus pas trompé dans mon attente : j'avois affaire à un homme ſenſible & ſans prévention. Pour aller à mon but, je le conduiſis au bas du grand Fer-à-Cheval à main droite, & je l'arrêtai vis-à-vis le Ganyméde debout, qui s'appuie ſur l'Aigle de Jupiter, ou ſur Jupiter lui-même métarmorphoſé en Aigle. Mon ami a beaucoup lû & avec goût; ainſi je n'eus beſoin de lui parler que de ce qui concouroit à mon objet.

Regardez, lui dis-je, cette Statue : c'eſt une Copie faite d'après une Antique,*par un Sculpteur moderne, nommé *Laviron.* Dites-moi, je vous prie, comment la trouvez-vous ? comment en êtes-vous affecté ? Je la trouve belle, me répondit-il, elle repréſente bien un jeune Homme qui a beaucoup de fraîcheur & d'embonpoint; il a un beau viſage, & l'Aigle me paroît bien placé. Bon, dis-je en moi-même, mon Ami commence à démêler

* L'Original eſt à Florence dans le Palais du Grand Duc.

ce qu'il y a de remarquable dans cette Figure. Avançons, j'eſpère étendre ſes connoiſſances par la comparaiſon. Venez, lui ajoutai-je, avec moi dans ce Boſquet aſſez détourné, & peut-être trop peu connu.

Nous y trouvâmes une autre Statue du même Ganyméde, * mais d'une éxécution bien différente. Laquelle de ces deux Figures, lui dis-je, prendriez-vous, ſi on vous en laiſſoit le choix ? Il la regarda avec beaucoup d'attention, il l'éxamina de tous les côtés, & il demeura quelque tems ſans parler. Je voiois avec plaiſir qu'il comparoit en lui-même ces deux différens morceaux, & j'eſpérois beaucoup du ſuccès de ma conduite avec lui. Enfin, après quelques momens de réflèxion, il n'y a pas à balancer, me dit-il, je choiſirois celle-ci : elle eſt tout autrement élégante que la première qui

* Copiée par *Joly*.

nous a occupés. Ici, je crois voir un jeune Prince, un jeune Héros; & l'autre ne me donne l'idée que d'un beau Païſan à la fleur de ſon âge. Eh bien! lui répliquai-je, vous vous connoiſſez en Sculpture ſans le ſçavoir. Je répétai avec lui la même comparaiſon, à l'égard des deux Statues de la Venus, qu'on appelle de *Médicis*, & il ne s'y trompa pas. Vous êtes, repris-je auſſi-tôt, déja en état de ſentir les beautés des Ouvrages de Sculpture que je vais vous montrer.

Je le conduiſis devant l'Andromède *de Puget*. Ce beau Groupe, lui dis-je, (on entend par ce mot un aſſemblage de pluſieurs Figures) eſt une Pièce originale : vous connoîtrez bien-tôt la ſupériorité de ce qui eſt Original ſur ce qui n'eſt que Copie. *Puget* étoit un Sculpteur moderne né à Marſeille *. Il n'a pas fait un très-grand nombre d'Ouvrages, mais ce

* En 1622. & mort dans la même Ville en 1694.

qu'il en a fait, le difputeroît peut-être à tout ce que nous avons de la meilleure Antiquité. Remarquez comment ce morceau eft élégamment compofé & éxécuté; c'eft un Rocher qui paroît vrai comme le naturel. Avec quelle grace Andromède y eft attachée! Son corps eft bien celui d'une jeune perfonne, délicate, dans la fleur de la première jeuneffe. Quel air de douceur, de modeftie, & de trifteffe eft répandu fur fon vifage! Quelle molleffe & quelle foupleffe dans toutes les parties de fon beau corps! Elle paroît n'avoir pas encore toute la grandeur qu'elle pourra avoir dans un âge plus avancé, ce qui eft peut-être caufe que quelques perfonnes ont trouvé que fa Figure étoit trop petite; fans doute par comparaifon avec celle de Perfée, qui la détache du Rocher où elle eft enchaînée. Mais ne pourroit-on pas dire que Perfée eft dans la force de fon âge, & qu'il a acquis toute fa grandeur?

D'ailleurs, qu'on fasse réflèxion que c'est un Héros, le Fils d'un Dieu puissant ; qu'il fait effort pour atteindre d'une main à la cime de la Roche au bas de laquelle il est posé ; & je crois qu'on ne le trouvera plus trop grand : peut-être même pensera-t'on que c'est un trait d'esprit de la part du Sculpteur. Il a voulu, pourra-t'on dire, faire sentir la différence qu'il peut y avoir entre la taille d'un demi-Dieu, & celle d'une jeune Mortelle qui n'a pas encore toute sa croissance. Interprétons ainsi les idées des grands Hommes, & croions qu'ils ont voulu mettre dans leurs Ouvrages ce qu'ils nous inspirent, quand nous les regardons avec attention : nous ferons par-là honneur à leur esprit, au nôtre même, & à notre jugement.

Observons encore, que quoique le Sculpteur ait représenté une Femme nue, il a prudemment disposé sa Figure de la façon la plus modeſte qu'il lui a été poſſible : elle ſe cache autant qu'elle peut : elle raſſemble ſon corps autant que ſes chaînes le lui permettent : elle ne regarde point ſon libérateur. On croit voir ſur ſon viſage la honte qu'elle éprouve en paroiſſant ainſi aux yeux d'un homme qu'elle ne connoît point. Perſée de ſon côté ne la regarde pas, ſes yeux ſont fixés vers la pointe du Rocher ; il n'eſt occupé qu'à décrocher le bout de la chaîne qui eſt attachée au ſommet : il eût cauſé trop de confuſion à Andromède, ſi ſes regards ſe fuſſent arrêtés ſur elle. Quelle décence, & que d'eſprit le Sculpteur habile n'a-t'il pas répandu dans toute cette grande compoſition ?

Nous pouvons faire la même remarque à l'égard de la Venus de Médicis, c'eſt la Figure d'une Femme nue : cependant d'une main elle couvre ce que la pudeur ne doit jamais permettre de montrer, & de l'autre elle cache une partie de ſon ſein ; elle a la tête panchée ſur le côté ; elle ſe courbe tant ſoit peu ; enfin elle a un air de modeſtie ſi marqué dans toute ſa Figure & dans ſon attitude, qu'on l'a appellée la *Venus Pudique*. Cette Statue eſt Grecque, & c'eſt un des plus beaux morceaux qui nous reſtent de la ſçavante Antiquité. Qu'elle nous ſerve d'objet de comparaiſon pour juger les autres : on croit remarquer que le *Puget* a donné à ſon Andromède les mêmes proportions qu'on admire dans la Venus. * Revenons à l'Andromède.

Regardez l'Enfant qui eſt au bas du Rocher, & qui tire à lui, avec effort, un des bouts de la chaîne dont eſt liée Andromède. Vous pouvez remarquer la vivacité de ſon action, comme il eſt potelé,

* Toutes les Statues de la Venus de Médicis qu'on voit à Verſailles ſont de belles Copies faites par d'excellens Sculpteurs ; la Statue Originale eſt Grecque & du meilleur temps de la Grèce ; elle eſt à Florence dans le Palais du Grand Duc.

& sa belle chair. C'est un Génie bienfaisant, ou c'est l'*Amour*; enfin c'est la Nature dans tout son plus beau. Rien n'est négligé dans ce Groupe: tous les Accessoires y sont traités supérieurement; Armes, Draperies, enfin tout. Le Sculpteur y a mis son nom, & l'année où il l'a fini. Il l'a dédié à Louis XIV. pour lequel il l'a fait, ainsi que la Figure de Milon le Crotoniate que vous voiez ici près.

Ce fameux Athléte Grec fut dévoré par un Lion, tandis qu'une de ses mains restoit engagée dans un tronc d'Arbre qu'il avoit voulu séparer, & dont les deux parties s'étoient rapprochées, avant que Milon pût retirer sa main. Quelle expression dans la tête de cet Homme prodigieux en force! Voiez sur son visage la douleur extrême que lui cause la morsure du Lion; on s'imagine l'entendre crier d'une voix effraiante, & plus forte que celle des hommes ordinaires. Tout ſon corps qui eſt d'une taille giganteſque, (les Hiſtoriens diſent qu'il l'avoit ainſi) exprime merveilleuſement les prodigieux efforts qu'il fait pour ſe dégager. Toutes ſes parties ſont extrêmement tendues, & ſe roidiſſent violemment ; tout y exprime ſes efforts : on les remarque dans ſes muſcles, dans ſes nerfs, juſques dans les doigts de ſes pieds, ſur leſquels il s'appuie fortement. Mon Ami fut très-attentif à ce qu'il voioit, & il en ſentittoute l'expreſſion.

Malheureuſement, lui dis-je, nous n'avons ici que ces deux beaux morceaux du même Sculpteur ; en voici la raiſon. M. *Le Brun* qui, dans ce tems-là, donnoit tous les deſſeins des Statues que l'on éxécutoit pour le Roi, voulut aſſujettir *Le Puget* à ne travailler que d'après les idées qu'il lui fourniroit *. Il avoit trouvé

* Cependant M. *Le Brun* l'eſtimoit infiniment. M. *De Louvois* qui fut Sur-Intendant des Bâtimens après M. *Colbert*, le traita durement par rapport au paiement de ſes Ouvrages. *Puget* mécontent ſe retira à Marſeille, & y

cette soumission dans plusieurs autres habiles Maîtres : mais *Le Puget* ne voulut jamais captiver ainsi ses talens, & il retourna dans son Païs. Nous le perdîmes : tâchons de nous en consoler, en admirant ses Ouvrages, & en leur paiant le tribut de louanges qu'ils méritent à tant d'égards.

Si je ne craignois de prolonger les idées tristes que peut vous avoir donné la douleur du Milon, je vous ferois remarquer la Figure du Gladiateur mourant, que voici tout auprès. C'est une belle Copie, faite par *Michel Mônier*, d'une très-belle Statue antique qui est à Rome. Ne croiez-vous pas voir un Homme expirant? Il vient de recevoir une blessure profonde? il est à demi couché sur l'Arène où il a combattu ; il se soutient à peine ; une mortelle langueur s'empare de tous ses

resta. Voyez le Livre du *P. Bougerel* de l'Oratoire, intitulé *Mémoires pour servir à l'Histoire de plusieurs Hommes Illustres de Provence*, Vol. in-12. à Paris, chez *Hérissant*, 1752. à l'article de *Pierre Puget*, page 1.

Sens. Il eſt vrai, me dit mon Ami, que ce ſpectacle eſt touchant : éloignons-nous-en, il me fait trop d'impreſſion.

Voiez donc, lui répliquai-je, pour vous en diſtraire, cette Figure qui repréſente Apollon vainqueur du Serpent Python *. C'eſt une belle Copie d'un excellent Original du bon tems de la Grèce. Cette admirable Statue peut nous donner l'idée d'un jeune Dieu vainqueur, qui a pris la Figure humaine : aſſurément il ne l'a pas choiſie commune. Vous avez raiſon, me dit mon Ami, & je penſe comme vous.

Repoſons nos yeux, repris-je alors ; promenons-nous un peu ; j'ai encore à vous faire voir quelque choſe qui en vaut la peine, quelque choſe où nous aurons beſoin de regarder attentivement & d'admirer. Nous nous arrêtâmes en chemin auprès de la belle Statue de la

* Copiée par *Mazeline*. L'Original eſt à Rome dans le Palais du Vatican au Belveder.

Vénus, qu'on appelle *à la Coquille* *, parce qu'elle en tient une dans une de ses mains. Mon Ami m'en parut fort content ; il fut sur-tout très-sensible à la belle draperie de linge qui couvre une partie de cette Figure ; elle paroît mouillée, & comme collée à la peau de la Vénus. Cette Déesse paroît sortir du bain, elle est à demi-couchée, & un peu panchée en avant sur le bord d'une fontaine.

Nous revîmes en passant le premier Ganyméde que nous avions regardé en entrant. Mon Ami se confirma dans le jugement qu'il en avoit porté, après avoir vû le second. Par-là je m'apperçûs que ses connoissances commençoient à s'étendre & à se perfectionner.

Insensiblement, & en réfléchissant sur ce que nous avions vû, nous approchâmes du Bosquet qu'on appelle

* Cette belle copie de l'Antique est d'*Antoine Coyzevox*.

les

les Bains d'Apollon * ; nous nous arrêtâmes peu au Groupe principal qui représente ce Dieu ** chez Thétis, assis & environné de Nimphes, qui le servent. Je ne voulois pas fatiguer mon compagnon de voiage : d'ailleurs comme je le connoissois excellent Homme de Cheval, j'avois de l'empressement pour lui faire remarquer les deux Groupes des Chevaux d'Apollon, qui sont aux deux côtés du grand Groupe dont je viens de parler : je me doutois bien qu'ils l'amuseroient davantage, étant très-fin Connoisseur en ce genre. Je le conduisis vers celui qui est à la gauche, quand on regarde le Groupe d'Apollon : il le trouva beau ***, les deux Tritons qui accompagnent ces Che-

* Toutes les Sculptures de ce Bosquet ont été éxécutées par différens Sculpteurs, (*Girardon*, *Regnaudin*) d'après les desseins de M. *Le Brun*.

** La tête de l'Apollon est celle de Louis XIV. jeune.

*** Le plus beau de ces Groupes de Chevaux a été fait par *Gaspard de Marsy* ; l'autre est de *Guérin*.

vaux, lui parurent vivans & animés convenablement. Mais quel fut mon étonnement, quand je le conduisis vers celui qui est à la droite ! Il le regarda avec la plus grande attention, il fut long-tems sans parler, puis tout à coup il me dit, d'un air vif & animé, celui-ci me paroît bien supérieur à l'autre : Vous avez raison, lui dis-je, il a été exécuté par un Sculpteur beaucoup plus habile que son Concurrent.

Le jugement de mon Ami me confirma dans mon ancienne idée, que, pour acquérir des Connoissances dans les Beaux Arts, il ne faut presque que le bien vouloir, s'y appliquer, réfléchir & comparer. Non-seulement mon Ami remarqua que ces deux Chevaux avoient beaucoup plus de finesse & d'élégance que les deux autres, plus de souplesse dans leurs mouvemens, enfin qu'ils étoient plus semblables à la belle nature ; mais il alla jusqu'à m'en faire une critique, de peu de conséquence à la vérité, mais qui marquoit que ses connoissances, en matière de Cavalerie, étoient portées jusqu'aux plus petits détails. Ces Chevaux sont parfaits, me dit-il, je trouverois seulement qu'ils ont la corne des pieds un peu trop longue. Cette remarque, lui répondis-je, est celle d'un bon Ecuier; mais permettez-moi d'y répondre en Amateur : vous trouverez peut-être ma réponse trop poëtique, & même telle que pourroit être celle d'un Poëte qu'un peu d'enthousiasme auroit échauffé. Faites réflèxion, lui dis-je, que ces Chevaux sont des espèces d'Êtres immortels & presque divins; qu'ils n'ont jamais marché que sur des nuages, & qu'ils n'ont point été *ferrés*. Il sourit de ce trait auquel il ne s'attendoit pas, & il parut s'en contenter. Mais, continuai-je, voilà assez parler de Sculpture;

peut-être trop, me direz-vous, je craindrois de vous en lasser. Ne l'appréhendez pas, me répondit-il ; cela m'a amusé, & je crois que je vous devrai bientôt des remerciemens. Le soin que vous prendrez pour étendre mes Connoissances, ne pourra qu'augmenter mes plaisirs. En prenant votre politesse au pied de la lettre, lui répliquai-je, je ne craindrai donc pas de vous proposer une promenade pour demain ; nous traiterons, si cela vous convient, une matière toute différente, mais qui pourra vous occuper agréablement. Ce sera, si vous le trouvez bon, la dernière de ce genre que nous discuterons. Très-volontiers, me dit-il : à demain.

Le lendemain notre rendez-vous ne put avoir lieu. Nous ne nous rejoignîmes, mon Ami & moi, que quelques jours après à Paris, & je n'en fus pas fâché. Comme je me proposois de l'entretenir d'Architecture, Versailles ne nous auroit pas fourni assez d'objets de comparaison en ce genre. Paris y étoit plus propre.

ESSAI
SUR
LA PEINTURE,
LA SCULPTURE,
ET
L'ARCHITECTURE.

L'ARCHITECTURE.

LE CHATEAU DE VERSAILLES, malgré les ſommes immenſes qu'on y a dépenſé pendant bien des années, ne préſente d'abord aux yeux, ſur-tout du côté des Cours, qu'une grande quantité de Bâtimens plus imposans par leur étendue, que frappans par leur décoration extérieure. Ce n'est pas qu'on y ait épargné la dorure, les Toits en sont chargés; mais ces ornemens, fort ternis aujourd'hui, ne charment plus les yeux, & après tout, le reste n'y répond pas. On s'apperçoit toujours que l'accessoire l'emporte sur ce qui devroit être le principal. Ce Château n'étoit d'abord qu'une petite Maison de Chasse, bâtie par Louis XIII. pour servir de rendez-vous. Louis XIV. en fit le même usage pendant quelque tems; il s'y plut, il voulut y faire quelque séjour : cela l'obligea d'en augmenter les Bâtimens, & peu à peu il devint tel que nous le voions aujourd'hui.

Ce Palais peut loger très-commodément une Cour nombreuse, mais il est plus recommandable par la grandeur de ses Bâtimens, que par leur Beauté. Vû d'une certaine distance, il surprend, mais plus on en approche, plus l'admiration diminue; & elle finit tout à fait quand on arrive à ce qu'on appelle *la Cour de Marbre.* Qu'eſt-ce qu'on y voit? Les reſtes du *Petit & chétif Château de Verſailles*, ainſi que s'expriment les Hiſtoriens de Louis XIII. qui l'a fait bâtir. On a eu beau le décorer par les dorures de ſon Toit, la médiocrité de ſon élévation & ſon peu d'étendue ſubſiſtent toujours. Il eſt vrai que le côté du Jardin * eſt beaucoup mieux, & d'une meilleure Architecture; mais n'eſt-il pas trop uni, trop égal, peut-être d'une ennuieuſe uniformité, peut-être, ſi l'on oſe parler ainſi, un peu trop monotone? Quelque magnifiques que ſoient les détails du Jardin, ils n'empêchent pas qu'on ne ſente le peu d'agrément de ſa ſituation. Quelqu'un a dit de Verſailles, que c'étoit *un Favori ſans mérite.* La comparaiſon eſt juſte; on a té-

* Cette Façade a 220 toiſes de long.

moigné une grande prédilection pour cet endroit, & l'on n'en a fait qu'une belle, mais triste solitude, qui doit tout à l'Art & rien à la Nature.

Il faut convenir que l'Orangerie de Versailles* est un morceau d'une grande considération : mais il est plus estimable par son étendue, sa belle disposition & la solidité de sa construction, que par sa décoration. Cependant tout y est grand, noble, mâle, quoiqu'extrêmement simple, & c'est peut-être cette simplicité qui en augmente le mérite. On prétend que la première idée de ce vaste Bâtiment, fut donnée à Louis XIV. par le fameux *Le Nôtre*, ** ce célébre Créateur des plus beaux Jardins. Son voiage en Italie étendit son heureux génie par la vûe des belles choses que ce Païs charmant présente aux yeux Connoisseurs. Jusqu'à lui, nous

* Elle est d'Ordre Toscan, & d'un goût exquis.

** *André Le Nôtre*, né à Paris en 1613. mort en 1700. Il étoit Controlleur Général des Bâtimens du Roi, Dessinateur de ses Jardins, & Chevalier de S. Michel.

avions eu des hommes capables de faire de jolis Jardins pour des particuliers, mais très-peu de propres à en faire de magnifiques. Le Jardin de Fontainebleau commencé par Henri IV. & embelli par le feu Roi, étoit presque le seul qu'on pût juger digne d'une Maison Roiale: nous n'avions pas encore celui du Palais des Thuilleries, que nous devons aux grandes vûes du même Monarque, & aux excellens desseins de *Le Nôtre*. Quel mérite n'y a-t-il pas eu à faire un Jardin qui, sans être d'une grande étendue, ne présente cependant rien aux yeux que de grand! Quelle noblesse, quelle magnificence dans le Fer-à-Cheval qui le termine, & qui met à portée de découvrir d'un même coup d'œil, tout ce beau Plant qu'on appelle avec raison *les Champs Elisées*; la beauté de la Rivière; celle du Païs qu'elle arrose, & ces agréables Côteaux qui terminent l'horison à la gauche des Thuilleries!

Le mot que je viens de dire des *Champs Elisées*, m'autorise, ce me semble, à insister sur les projets de leur Auteur, & à rappeller ce qu'il avoit imaginé pour la décoration de Paris. M. *Colbert* est celui qui a fait planter *les Champs Elisées*, l'Etoile, & les Allées *du Roule* en face du Jardin des Thuilleries *. Toute la partie gauche de ce beau Plant du côté de la Rivière, a été achevée de son tems; elle se r'accorde parfaitement à l'ancien Cours qui est le long de la Rivière, planté par *Marie de Médicis* **, & replanté pendant la Régence de M. le *Duc d'Orléans* ***, on l'appelle aujourd'hui le *Nouveau* ou le *Petit Cours*. L'intention de M. *Colbert* étoit de planter la partie droite des *Champs Elisées* de symmétrie avec la partie gauche. Sa mort interrompit ce projet, qui n'a point été suivi. On a eu la négli-

* En 1670.

** En 1616.

*** En 1723. Il a 1800 pas de long.

gence de laisser acheter ces terrains à différens particuliers qui y ont bâti des Hôtels magnifiques, avec de grands Jardins qui donnent sur les *Champs Elisées* : ce qui rend aujourd'hui l'éxécution de ce grand dessein presque impossible. On pourroit cependant y suppléer, si on le vouloit bien. Je dirai bientôt comment.

De plus, M. *Colbert* projettoit de pousser la grande Allée du milieu jusqu'à la Rivière, elle y va, à fort peu de chose près ; & de faire un Pont à cet endroit de la Seine, avec un grand chemin planté d'Arbres, qui auroit conduit à S. Germain, où la Cour alloit souvent en ce tems-là. Toutes ces Allées auroient donné dans le Bois de Boulogne, & s'y seroient r'accordées. Toute la partie droite en face du Bois de Boulogne, qu'on appelle *la Plaine des Sablons*, auroit été plantée, & cette partie avec le Bois de Boulogne auroit formé un magnifique

Parc, dont le bout auroit été terminé en Terrasse sur la Rivière, ainsi qu'on l'a pratiqué, il y a quelques années, au Bois de Vincennes, avec beaucoup de dépense & peu d'utilité. Encore n'a-t-on pas mis la dernière main à cette entreprise; car ici, j'ose le dire,

> . . . . *avec la liberté*
> *D'un* François *qui sçait mal farder la vérité*,
> RAC. Brit. Act. I. Sç. 2.

on forme de vastes projets, on commence, on va jusqu'à un certain point, & l'on n'achéve rien; témoin le *Louvre*, &c. &c. &c. *

Ce grand Chemin de S. Germain dont je viens de parler, auroit joint une large Chaussée plantée d'Arbres, qui en montant insensiblement, auroit conduit à un magnifique Pont sur la Rivière, d'une seule Arche, dont la Culée, du côté de la Montagne, auroit été presque au niveau de la grande Esplanade qui con-

* Le Louvre, *Urbis decus & orbis*, s'il étoit achevé.

duit aux deux Châteaux de S. Germain : ouvrage qui auroit ſurpaſſé ce que les Romains ont fait de plus grand en ce genre.

A l'égard du projet formé par M. *Colbert* pour la partie droite des *Champs Eliſées*, on pourroit y ſuppléer, en laiſſant même ſubſiſter les Hôtels & Jardins qui rempliſſent aujourd'hui ce terrain. Il ne ſeroit queſtion que de fermer ces Jardins par des Terraſſes, des Foſſés revêtus, ou des Grilles de fer peintes en verd ; on en a uſé ainſi à Londres dans le Parc de S. James, où cela fait un très-bon effet : par ce moien la vûe ne ſeroit plus offuſquée, & l'on jouiroit du ſpectacle de ces Jardins, dont la plupart méritent les regards & l'admiration du Public.

Qu'il me ſoit permis d'ajouter encore une obſervation ſur le Quartier des *Champs Eliſées*. On projette aujourd'hui de placer la Statue Equeſtre du Roi, dans l'Eſplanade qui eſt entre ce beau Plant d'Arbres & le Pont-Tournant des Thuilleries : cette opération coûtera peu & sera bientôt consommée. Mais il seroit bien à désirer que ceux qui présideront à l'Ouvrage, c'est-à-dire, à la décoration de l'Esplanade, voulussent se conformer, autant qu'il leur seroit possible, au premier projet du *Grand Colbert*; qu'ils songeassent surtout à ne point assujettir le Pont qu'on doit faire sur la Rivière à la Rue de *Bourgogne*, ce qui feroit un alignement de biais; mais plutôt à l'aligner sur le milieu de la partie du Rempart qui aboutit à l'Esplanade, & qui est plantée d'Arbres. Il est à remarquer que l'Hôtel de feüe Madame la Duchesse sera peut-être démoli, & qu'ainsi il est inutile de s'y assujettir à présent.

Après cette digression, que mon zèle pour l'embellissement de Paris rendra peut-être excusable, je reviens à l'Orangerie de Versailles.

Le

Le Nôtre en donna au Roi un léger craion ; & ce Prince qu'un heureux naturel conduisoit toujours à saisir le grand & le beau, en sentit tout d'un coup le mérite ; il l'adopta ; il donna à son premier Architecte * le soin d'en tracer les mesures & le chargea de l'exécution. Je tiens cette Anecdote d'un vieillard respectable, homme d'esprit & de goût, qui me la conta dans ma première jeunesse. Il étoit d'autant plus croiable sur ce fait, qu'il avoit vécu long-tems dans la plus grande intimité avec le fameux *Le Nôtre*.

Il m'en dit encore une qui fait autant d'honneur à ce dernier, qu'au grand Prince qui l'emploioit. Le Roi vouloit que

* *Jules Hardouin Mansard*, Chevalier de S. Michel, Comte de Sagonne, Sur-Intendant & Ordonnateur Général des Bâtimens, Arts & Manufactures du Roi. Il mourut à Marly en 1708. Il étoit neveu de *François Mansard*, Premier Architecte du Roi, né à Paris en 1598. & mort en 1666. Les principaux Ouvrages de celui-ci, sont la Chapelle du Château de Fresne ; le Portail des Feuillans à Paris ; le Château de Maisons, qui est un Chef-d'œuvre d'élégance ; l'Hôtel de la Vrillière ; aujourd'hui de Toulouse, près la Place des Victoires ; l'Eglise de la Visitation de Sainte Marie, Rüe S. Antoine, &c. &c. &c. *François Mansard* étoit fort supérieur à *Jules Hardouin* son neveu.

pour étendre le Jardin de Verſailles, on deſſéchât une eſpéce de Marais qui étoit en face : ce Marais étoit traverſé par un Ruiſſeau ; toutes les eaux du canton ſe rendoient en ce lieu, y ſéjournoient, y entretenoient une humidité auſſi déſagréable que mal ſaine. Deſſécher totalement cet endroit, étoit une opération très-difficile : on la tenta, on y emploia bien des hommes, bien du tems & beaucoup de dépenſe ; on avançoit peu. *Le Nôtre* prit tout d'un coup ſon parti en habile homme ; il dit au Roi : *Sire, je crois ce deſſéchement preſque impoſſible. Si votre Majeſté me le permet, je ferai tout le contraire. Au lieu de m'obſtiner à détourner ces eaux, je les raſſemblerai, je les animerai, je les ferai couler, & j'en formerai un beau Canal.* Ce projet frappa le Roi, il en vit toute la grandeur & toute la ſupériorité ; il en ordonna l'éxécution ; & c'eſt à ces deux heureux Génies que l'on doit le magnifique Canal * qui termine aujourd'hui ſi favorablement le Jardin de Verſailles.

Je pourrois encore remarquer dans ce Palais, les Ecuries du Roi; je pourrois en admirer la forme, l'étendue, la bonne conſtruction, mais j'aurois peu de choſes à dire de leur décoration; elle eſt très-ſimple.

Les diſcuſſions où je ſuis entré ſur *Verſailles*, ſur le *Jardin des Thuilleries*, ſur les *Champs Eliſées*, ſont des hors-d'œuvre par rapport au deſſein de fournir à mon Ami des objets de comparaiſon & d'inſtruction en matière *d'Architecture*. Il eſt tems de reprendre mes converſations avec lui.

Nous nous rejoignîmes à Paris. Je ne me propoſois pas de lui faire faire un Cours détaillé d'Architecture; outre que je n'en ſçavois pas aſſez pour une ſi grande entrepriſe, je voulois ſeulement lui

* Ce Canal a 800 toiſes de long, ſur 32 de large.

faire remarquer ce que nous avions de mieux en ce genre, & lui donner envie d'y acquérir par la suite une connoissance plus étendue.

Je le menai d'abord à *la Fontaine* * *des Innocens*; je lui en fis observer la belle forme, l'élégante simplicité, la légèreté de son Architecture, la délicatesse de ses Pilastres, l'agrément de ses Bas-reliefs, & la finesse de leur éxécution. Je ne m'amusai point à lui en faire l'histoire, elle se trouve dans les Descriptions imprimées de la Ville de Paris; j'y renvoiai mon Ami, & j'en usai ainsi à l'égard des autres morceaux d'Architecture que je lui fis voir. Il étoit question de l'intéresser aux beautés de l'Art, non de lui apprendre comment, par qui & par quelles voies

* La Fontaine des Innocens a été bâtie en 1550. L'Architecture est de *Pierre Lescot*, Abbé de Clagny, & la Sculpture de *Jean Goujon*, tous deux François. Elle a été restaurée en 1708. On y a placé l'Inscription suivante, qui est du fameux *Santeuil*,

Quos duro cernis simulato marmore fluctus,
Hujus Nympha loci credidit esse suos.

les monumens de l'Architecture moderne se sont multipliés dans Paris.

Je ne le conduisis point à la belle Fontaine du célébre *Bouchardon**, qui est dans le Fauxbourg S. Germain. Quelques beautés que j'eusse pû lui faire remarquer dans cet excellent morceau, comme les Sculptures en font le principal mérite, & que l'Architecture n'en est que l'accessoire, cela n'alloit point assez à mon objet. Il nous seroit arrivé seulement de déplorer le malheur de la situation de ces deux Fontaines (celle des *Innocens* & celle de la Rue de *Grenelle*). De part & d'autre, rien de plus désavantageux.

Je le menai voir le magnifique Portail de l'Eglise de S. *Gervais***; il en admira l'élévation, la solidité, la noble construction, les belles proportions. Nous

* Bâtie en 1739. sur les Desseins & la conduite d'*Edme Bouchardon*, né à Chaumont en Bassigny.

** Il a été bâti par *Jacques de Brosse*, François, en 1616. C'est le même Architecte qui a construit le Palais du Luxembourg, l'Aquéduc d'Arcueil, &c. &c. &c.

regrétâmes ſeulement qu'il n'y eût pas devant ce Portail aſſez d'étendue & de reculée, pour que les yeux de ceux qui le regardent puſſent en embraſſer plus aiſément tout l'enſemble. Nous eûmes ſouvent occaſion de former les mêmes regrets à l'égard d'autres Bâtimens encore plus conſidérables.

Nous n'allâmes point, mon Ami & moi, à *S. Sulpice*, pour y voir le Portail * bâti par le *Chevalier Servandoni* Florentin, Peintre & Architecte. Quelque conſidérable que ſoit cet Ouvrage, comme il n'eſt point achevé, nous n'aurions pû en porter un jugement arrêté. Nous aurions ſeulement gémi, comme à *S. Gervais*, du peu d'eſpace qu'on a pour voir, comme il faudroit, cette magnifique & immenſe fabrique. Il n'y a pas d'apparence qu'on puiſſe remédier ſitôt à cet inconvénient.

* Ce Portail a été commencé en 1733. pendant que M. *Languet de Gergy* étoit Curé de cette Paroiſſe.

LE PALAIS DU LUXEMBOURG* ne pouvoit nous échapper. Cette belle Maison, dis-je à mon Ami, est du célébre *Jacques de Brosse*, qui a construit le Portail de S. *Gervais*. Il a voulu que ce Portail annonçât, par sa magnificence, un Temple respectable & la majesté des objets qui y conduisent. Il a voulu, en construisant *le Luxembourg*, que ce fût un Palais digne d'être habité par une grande Princesse. C'est pour *Marie de Médicis* qu'il l'a bâti. Cette Princesse Italienne avoit pû prendre dans son Païs des idées de la grande Architecture qui y régne; elle étoit magnifique, elle étoit Régente en France; ainsi l'habile Architecte n'a rien négligé pour la satisfaire. On trouve dans ce Palais de l'étendue, de la solidité & de la noblesse.

Allons, dis-je à mon Ami, voir un autre Palais, bâti par un autre Architecte.

* Commencé en 1615. achevé en 1620.

& pour une autre Princesse. Je crois que vous ne le trouverez pas inférieur à celui-ci. Je le menai aux *Thuilleries*. Vous n'avez encore vû, lui disois-je en chemin, que trois choses qui puissent vous servir d'objets de comparaison; sçavoir une jolie Fontaine, un beau Portail d'Eglise, une magnifique Maison propre à loger un Prince : nous allons voir présentement un Palais digne d'un grand Roi.

CATHERINE DE MÉDICIS, qui pour lors étoit à peu près dans la même situation où *Marie* se trouva depuis, le fit bâtir, * & se servit pour cela du célébre *Philbert de Lorme***, qui le premier, comme on a dit, dépouilla l'Architecture de ses habillemens Gothiques, pour la revêtir de ceux de l'ancienne Grèce. *Catherine*

* Il fut commencé en 1564.

** *Philbert de Lorme*, né à Lyon, a vêcu sous les Régnes d'HENRI II. de FRANÇOIS II. & de CHARLES IX. Il a beaucoup travaillé au *Louvre*, au Palais des *Thuilleries*, au *Château d'Anet*, à celui de *S. Maur*, &c. &c. &c. Il mourut en 1577.

aimoit les Sciences & les Beaux Arts, elle fit un mauvais uſage des Sciences, en donnant dans l'*Aſtrologie judiciaire*; mais elle fit fleurir les Arts en France. Elle laiſſa à ſes enfans qui, après elle-même & l'envie de régner, étoient les objets les plus chers à ſon cœur, l'habitation du *Louvre*, qui, dans ce tems-là, n'étoit pas à beaucoup près auſſi conſidérable qu'elle l'eſt aujourd'hui. *Catherine* imagina de bâtir pour elle un nouveau Palais qu'elle pût habiter avec ſa Cour; ce Palais, qui eſt celui des *Thuilleries*, devoit être plus étendu que nous ne le voions aujourd'hui; j'en ai vû d'anciens Plans gravés; il devoit être accompagné de Cours latérales, de Baſſe-Cours, d'Ecuries fort vaſtes. La Reine n'acheva point ce qu'elle avoit commencé; elle ſe dégouta des *Thuilleries* ſur une prétendue prédiction de ſes Aſtrologues; elle abandonna ce deſſein, & ſe fit conſtruire un autre Palais * près de S. *Euſtache*, Maiſon triſte & bien inférieure à celle qu'elle quittoit. Nous l'avons connue ſous le nom d'*Hôtel de Soiſſons*, on vient de la démolir, & il n'en reſte que la *Colonne* érigée auſſi par *la Reine Catherine*, pour y faire des Obſervations Aſtronomiques. Cette Colonne appartient aujourd'hui à la Ville **, peut-être la démolira-t'on par la ſuite, quoiqu'elle méritât d'être conſervée & *reſtaurée*; on en pourroit faire une Fontaine publique.

Pour revenir au *Palais des Thuilleries*, la Princeſſe, dont nous venons de parler, n'acheva que ce qui ſe voit préſentement, & qui conſiſte dans le gros Pavillon du milieu, les deux corps de Logis contigus, & les deux Pavillons qui les terminent. Tout le reſte ne fut point commencé; encore ce que *Catherine de*

* Par *Jean Bullant*, en 1572.

** En 1750. cette Colonne a été achetée & conſervée par les ſoins de M. *Bernage*, Prevôt des Marchands.

Médicis acheva, n'avoit-il pas toute la magnificence & tout l'exhaussement qu'il a aujourd'hui.

Louis XIV. toujours grand, y fit faire des embellissemens considérables ; * il l'exhaussa de l'Attique qui y régne partout, & fit ajouter un troisième Ordre au Pavillon du milieu & aux deux latéraux, ce qui y donne un grand air de noblesse. On y admiroit autrefois un superbe Escalier à deux rampes, qui occupoit le milieu du Bâtiment. C'étoit un chef-d'œuvre par sa légèreté, par sa solidité, par le trait hardi & la coupe des pierres ; mais au tems de la grande restauration que fit faire Louis XIV. à ce Palais, on trouva que cet Escalier ôtoit à ceux qui entroient, la vûe du magnifique Jardin dont on avoit déja l'idée. On le détruisit, & l'on fit celui que nous voions, fort beau dans sa manière, & qui n'offusque rien.

* En 1664. sous le Ministère de M. *Colbert*, & sous la direction de *Louis Le Vau*, & de *François d'Orbay* son Elève.

Les Appartemens du *Palais des Thuilleries* furent conſidérablement embellis de Peintures, de Sculptures, de Dorures. On y emploia les plus habiles Maîtres de ce tems-là, & il y en avoit beaucoup. Les Rois n'ont qu'à vouloir, ordonner, protéger, encourager & récompenſer, ils ne manqueront jamais d'habiles gens en tout genre. Mais notre objet aujourd'hui n'eſt pas d'entrer dans ces détails. Ne parlons que d'*Architecture*, & encore n'en parlons que très-ſuccinctement, s'il eſt poſſible.

Diſons donc que le Palais qui, du côté du Jardin, n'avoit, avant ſes augmentations, que les trois corps de Bâtimens dont nous venons de parler, formoit un tout enſemble bien proportionné. Ce n'étoit, à proprement parler, qu'un beau Château. On a voulu l'augmenter; on y a ajouté deux grands corps de Bâtimens, & deux gros Pavillons latéraux extrêmement exhaussés : qu'en est-il arrivé ? Ces nouveaux Bâtimens paroissent d'une forme Colossale, & écrasent, pour ainsi dire, les anciens qui, dans leur premier état, se trouvoient isolés, & ne présentoient rien que de très-élégant, de très-fin & de très-agréable. L'œil pouvoit embrasser le tout ensemble, avec la plus grande satisfaction.

Il est vrai qu'aujourd'hui la face * de ce Palais, du côté du Jardin, est beaucoup plus étendue & qu'elle impose, mais les Accessoires nuisent au Principal, & s'y raccordent mal. *Philbert de Lorme* s'en seroit peut-être mieux acquitté. Pour excuser ces augmentations qui paroissent monstrueuses, on pourroit dire qu'on y a été engagé par le desir de conserver le plein-pied des Appartemens du premier étage de l'ancien Château, avec celui de la grande Galerie qui est en retour le

* Cette façade a 168. toises de long.

long de la Rivière. * Cette longue Galerie a été bâtie sous différens Rois, & elle n'est pas d'une Architecture uniforme; mais, malgré ses irrégularités, elle ne laisse pas de former un tout ensemble d'une magnificence & d'une étendue qui ne se trouvent dans aucun Palais. Elle joint ce qu'on appelloit autrefois, & mal à propos, *le Vieux Louvre.* C'est de ce grand objet que je dois présentement parler.

Nos Rois avoient un ancien Palais dans l'emplacement où est situé aujourd'hui le LOUVRE. C'étoit un amas confus de Tours & de Bâtimens Gothiques, sans ordre & sans symmétrie. FRANÇOIS I. le Pere & le Restaurateur des Sciences & des Beaux Arts en France, avoit attiré d'Italie d'habiles Artistes en plusieurs genres; il s'en étoit servi à embellir l'ancien & vaste Château de *Fontainebleau*;

* Cette Galerie a 227. toises de longueur dans œuvre, & 4. toises cinq pieds de largeur.

il conçut le dessein de se faire dans sa Capitale une habitation digne de lui & d'elle. En 1528. il commença par faire démolir la plus grande partie de l'ancienne; il fit jetter les fondemens fort solides d'une partie de la nouvelle; mais il avança peu.

HENRI II. son Fils & son Successeur, Prince voluptueux & magnifique, reprit en 1548. l'Ouvrage commencé; il l'étendit & l'embellit beaucoup; il y emploia *Pierre Lescot*, Abbé de Clagny, Architecte François, qui ne fit point regretter les Italiens. C'est-là que je conduisis mon Ami.

Après avoir parcouru plusieurs Rues qui ne donnent pas à ce Palais un abord favorable, nous nous arrêtâmes à la petite Place qui est au bout de la Rue Fromenteau, & vis-à-vis celle des façades du *Louvre*, par laquelle on y entre le plus ordinairement. Mon Ami la trouva plus ſolide que magnifique. Je voulois exprès le conduire par dégrés, en commençant par le Moins pour aller enſuite au Mieux, & finir par le plus parfait.

Nous entrâmes dans la Cour du *Louvre*, par le beau veſtibule à Colonnes qui y conduit. Je le fis remarquer à mon Ami. Ce Veſtibule, lui dis-je, a été bâti ſous Louis XIII. par *Jacques Le Mercier*; on prétend qu'il eſt imité de celui que le célébre *Michel Ange Buonarroti* * a conſtruit à Rome pour le Palais Farnèſe. Mon Ami le trouva bien. Nous tournâmes à droite dans la Cour, & là, je lui fis faire attention à l'élégance de l'Architecture ** qui décore cette portion du Bâtiment. Il admira la fineſſe & la belle éxécution des ornemens de Sculpture *** dont elle eſt fort enrichie. Ceci eſt du Régne de *HENRI II.*

* Né à Florence en 1474. mort à Rome en 1564.
** Par l'*Abbé de Clagny*.
*** Par *Jean Goujon*.

La

La portion qui eſt d'équerre avec celle-ci, & dont la face extérieure donne ſur la Rivière, a été continuée ſur le même deſſein par les Rois ſuivans, & étoit reſtée imparfaite. La partie qui eſt à la gauche du Veſtibule par où nous étions entrés, tant du côté du dehors que de celui de la Cour, a été conſtruite ſous le Régne de Louis XIII. ainſi que ce Veſtibule, & continuée en retour d'équerre.

LOUIS XIV. qui avoit la noble & louable ambition de faire mieux que ſes Prédéceſſeurs, voulut achever ce ſuperbe Edifice ſur un deſſein encore plus beau & plus grand. Il fit continuer ce qui reſtoit à faire pour rendre la Cour du Louvre plus vaſte & exactement quarrée. Il appella d'Italie le fameux *Cavalier Bernin*, * Peintre, Sculpteur & Architecte du premier ordre. Celui-ci donna pluſieurs

* *Jean-Laurent Bernin*, né à Naples en 1598. mort à Rome en 1680.

desseins différens pour l'achévement du Louvre ; & un François l'emporta encore cette fois sur l'Italien.

Un célébre Médecin de l'Académie Roiale des Sçiences, M. *Perrault* *, présenta ses desseins, qui, avec raison, furent préférés & acceptés par le Roi ; ce Prince, toujours guidé par le goût naturel qu'il avoit du beau, du noble, de l'excellent, sentit toute la supériorité de ce magnifique projet. En conséquence on commença ** par continuer les deux Aîles latérales sur le même Plan des autres, & à peu près de la même décoration extérieure. Seulement on les ex-

* *Claude Perrault*, né à Paris en 1613. mort en 1688. âgé de 75 ans, a traduit Vitruve ; il a donné les desseins de la Colonnade du Louvre, de l'Observatoire de Paris, de la Chapelle de Sceaux, de l'Arc de Triomphe du Fauxbourg S. Antoine, dont on a détruit le modèle en 1716. Les fondemens en avoient été jettés en 1670. & le Bâtiment élevé jusqu'à la hauteur des Pieds-d'estaux des Colonnes. Tout ce qui étoit au-dessus n'étoit que de plâtre & pour servir de modèle.

** En 1665. sous le Ministère de M. *Colbert*. On cessa d'y travailler en 1670.

haussa d'un troisième Ordre plus élevé que l'Attique qui régne sur toutes les parties du Louvre construites antérieurement, & cela pour donner plus d'élévation & de noblesse à ce beau Bâtiment; sauf par la suite à en faire autant partout. Ces nouvelles parties, comme vous voiez, ne sont ni achevées ni couvertes entièrement.

Mais où M. *Perrault* fit voir l'étendue & l'élévation de son beau génie, ce fut à la façade extérieure du Louvre qui regarde S. *Germain l'Auxerrois.* En effet, où peut-on trouver plus de noblesse, plus d'élégance, plus de magnificence, que dans la superbe Colonnade * qui décore cette façade? Tous les ornemens de Sculpture qui y sont répandus avec autant de sagesse que de richesse, ne sont pas tous finis; mais on peut aisément ju-

* Elle a 87 toises & demie de longueur. Elle est d'Ordre Corinthien.

ger par ceux qui le ſont à peu près, de ce que ſeroit devenu le reſte, ſi l'on eût mis la dernière main à cet Ouvrage. Quel heureux trait de génie, d'avoir réduit cette grande Décoration à un ſeul Ordre! * Que cela lui donne de majeſté! Quelle idée n'offre-t'elle pas du Palais qu'elle annonce; de celui pour qui on l'a bâti; & de celui qui l'a imaginée! Malheureuſement ces belles entrepriſes furent arrêtées. Une longue guerre, des changemens dans le Miniſtère, la mort de M. *Colbert*, & peut-être plus que tout cela, le goût que Louis XIV. prit pour Verſailles, & les grandes dépenſes qu'il y fit, en furent cauſe. Si ce Palais eût été achevé ſelon les idées de M. *Perrault*, quel eſt le Souverain qui pourroit ſe vanter d'avoir une habitation comparable à celle-ci? Tous les Etrangers, tous

* *Regia ſolis erat ſublimibus alta Columnis.*

OVIDE, Metam. L. 2. v. 1.

les Voiageurs Curieux & Connoisseurs, conviennent qu'ils n'ont rien vû qui en approche, & que l'Italie qui renferme tant de beaux Edifices, n'a rien qui ne lui soit inférieur. A peine la Grèce & l'ancienne Rome pourroient-elles le lui disputer. Il exista peut-être des Bâtimens plus remarquables par leur grandeur & par leur élévation; mais ce n'est pas un énorme amas de pierres qui fait le prix d'un Edifice; c'est la beauté de sa forme & la justesse de ses proportions.

Ne quittons pas encore cette Colonnade, me dit mon Ami, à qui elle causa la plus grande admiration : éloignons-nous pour la mieux voir, & pour jouir agréablement du tout ensemble. Mais quelle fut la mortification que nous ressentîmes, quand nous apperçûmes tout ce qui s'opposoit à nos plaisirs ! Nous vîmes avec douleur que ce magnifique Edifice étoit offusqué par de vilaines &

chétives Maiſons, qui en dérobent à la vûe les plus conſidérables parties. Il eſt vrai que, ſi on l'eût achevé, ces indignes Bâtimens n'auroient pas ſubſiſté, & qu'on n'en verroit pas d'autres placés aujourd'hui juſques dans le milieu de la Cour. Rien de plus facile au reſte que de les ſupprimer, puiſque tout le terrain qu'occupent ces miſérables conſtructions appartient au Roi. Eſpérons d'une longue paix que nous devrons à un Monarque ſage & modéré, quoique vainqueur; eſpérons de ſon goût noble & grand, des bonnes intentions & de l'adminiſtration de celui * à qui il vient de confier la Direction générale de ſes Bâtimens; de la façon de penſer élevée du Miniſtre ** qui a aujourd'hui le Département de Paris, que le tems viendra où les bons François & les Habitans de cette Capitale, qui ſe

* M. DE VANDIERES, aujourd'hui Directeur Général des Bâtimens du Roi, &c. &c. &c. &c.

** M. le Comte D'ARGENSON.

ſont toujours diſtingués par un zèle ardent pour leurs Souverains, auront le plaiſir de voir achever un Palais digne d'être habité par ceux qui feront toujours l'objet de leur reſpect & de leur amour. Hélas! il y a eu un moment * qui n'eſt pas encore éloigné, où ils ont cru pouvoir s'en flatter: qu'il revienne, & ils ſeront contens.

Suppoſons, premièrement, que l'on achevât le Louvre; ſecondement, que l'on fit au Palais des Thuilleries les augmentations convenables & néceſſaires, tant du côté de la Cour des Princes que de celle des Suiſſes, ſans cependant exiger qu'on continuât du côté de la Rue S. Honoré une Galerie pareille à celle qui eſt du côté de la Rivière. Cette nouvelle Galerie feroit totalement inutile, & jetteroit dans des dépenſes trop conſi-

* Le Roi avoit donné l'ordre d'achever le Louvre. D'autres opérations ont ſuſpendu l'exécution de ce beau projet; eſpérons qu'on le reprendra.

dérables. L'eſpace contenu entre ces deux Galeries ſeroit trop vaſte : le Louvre & le Palais des Thuilleries ſe joignent & ſe communiquent par la Galerie qui eſt du côté de la Rivière , cela ſuffit.

Suppoſons, troiſièmement, que les Rois habitaſſent quelquefois Paris , ou y fiſſent leur principale réſidence ; en ce cas , qui peut arriver dans la ſuite des tems , ne ſeroit-il pas bien convenable qu'on tâchât aujourd'hui d'achever de planter *les Champs Eliſées* , ainſi qu'on le propoſe ? Cet arrangement procureroit à l'habitation principale des Rois , un ornement bien digne de leur magnificence & de la grandeur de la Ville Capitale de leur Roiaume.

Qu'on ne diſe point : Les Rois n'habiteront jamais Paris & le Louvre ; que ſçait-on ? pluſieurs Rois s'y ſont plû ; la même choſe ne peut-elle pas encore arriver ? Henri IV. s'y plaiſoit beaucoup. Il s'en falloit bien dans ce tems-là que Paris & le Louvre fussent aussi magnifiques qu'ils le sont aujourd'hui. Personne n'ignore cette petite Anecdocte. Ce grand Prince se faisoit un jour un plaisir de faire voir les Appartemens du Louvre qu'il avoit embellis, à un Ambassadeur d'Espagne arrivé depuis peu à sa Cour : il le conduisit partout ; il demanda ensuite à l'Ambassadeur ce qu'il en pensoit, & si le Palais de Madrid étoit plus beau ? L'Ambassadeur en Courtisan loua tout, mais en Espagnol prévenu pour son Païs, il ajouta que le Palais du Roi son Maître étoit supérieur. Attendez M. l'Ambassadeur, lui dit le Roi, & le menant sur le Balcon qui est au bout de la Galerie du Louvre, qu'on appelle aujourd'hui *la Galerie d'Apollon* *, regardez, lui dit-il, votre Maître a-t'il au bout de son Palais une Rivière & une Ville comme celle

* Embellie par Louis XIV.

que vous voiez d'ici ? L'Ambassadeur se tût & resta dans l'admiration. Que seroit-ce aujourd'hui, que cette Rivière & cette Ville sont si considérablement embellis par les plus beaux Quais, les plus beaux Ponts & les plus beaux Bâtimens qui y ont été construits depuis ce tems-là & qui augmentent tous les jours ?

Quand il a été question de former une Place pour y ériger une Statue Equestre * du Roi, un jeune Architecte ** présenta un Projet qui attira l'attention des Connoisseurs : ce jeune homme plein de génie ***, de goût & de talent, étoit déja connu, surtout par un beau Projet pour la réédification de l'Hôpital & de l'Eglise des *Quinze-vingts* : Projet qui fut admiré

* Pourquoi toujours des Statues Equestres ? Pourquoi pas une Statue du Roi debout ou assis tranquillement au milieu de sa Ville Capitale ? un Roi tranquille, Pacificateur, & fixant chez lui, la Paix, l'Abondance, les Sçiences & les Beaux Arts.

** Le Sieur *Laurent Destouches*, à présent Architecte de la Ville de Paris.

*** Ces trois choses sont bien remarquables dans un Artiste. Le *Génie* invente, le *Goût* choisit, & le *Talent* exécute.

de tout le monde, & qui cependant n'a pas été exécuté.

Le Plan qu'il donna pour la construction de cette Place, avoit encore l'avantage de concourir avec l'achévement du Louvre. Un côté de la Place qu'il imagina pour la Statue Equestre, auroit été formé par la belle Colonnade de M. *Perrault*; un autre par le Quai sur la Rivière; un troisième vis à-vis de ce dernier, par un magnifique *Hôtel de Ville*; enfin le côté en face de la Colonnade auroit contenu des Hôtels pour le *Grand Conseil*, pour *la Monnoie*, pour *les Postes*, pour *le Garde-Meuble du Roi*, &c, &c, &c. Une Rue fort large se seroit trouvée vis-à-vis la grande Porte du Louvre, & auroit abouti dans la Rue des Prouvaires. Il est vrai que pour donner à cette Place l'étendue qu'exigeoit la magnificence des Bâtimens qu'elle auroit contenus, on se seroit trouvé dans l'indispensable nécesſité de démolir l'Egliſe de S. *Germain l'Auxerrois ;* mais on l'auroit rebâtie, & mieux qu'elle n'eſt, dans l'endroit où eſt aujourd'hui l'*Hôtel des Monnoies*, dont les Bâtimens ſont indignes de la Capitale du Roiaume. Cette Egliſe de S. *Germain* auroit été conſtruite ſur les fonds des *Economats*, ainſi qu'on en a uſé à l'égard de la nouvelle Paroiſſe de Verſailles, & par cet arrangement il n'en eût rien coûté au Roi ni à la Ville.

Pour ce qui regarde la Place même, deſtinée à la Statue Equeſtre, elle auroit exigé bien moins de dépenſe que beaucoup d'autres projettées à d'autres endroits, puiſque le côté formé par la Colonnade du Louvre eſt bâti ; qu'on auroit laiſſé le côté du Quai ouvert comme il eſt, & qu'il ne ſeroit reſté que deux côtés à bâtir. Quels avantages d'ailleurs dans la ſituation & les accompagnemens de cette Place ! Ceux qui ſeroient venus du Fauxbourg S. Germain dans la partie de la Ville qui eſt au nord de la Rivière, en paſſant ſur le Pont-Neuf auroient apperçû tout d'un coup la ſuperbe Façade du Louvre. En traverſant la Place, ou en la longeant du côté du Quai, ils auroient découvert le nouvel *Hôtel de Ville* & les beaux Bâtimens qui auroient achevé de la former. Il n'eſt pas aiſé d'imaginer un coup d'œil plus ſatisfaiſant.

Tous ceux à qui le jeune Architecte fit voir ſon Projet, en furent enchantés; quelques-uns trouvèrent ſeulement que la dépenſe en ſeroit encore trop forte; pour y obvier, il propoſa de ne nettoier, devant le Louvre, que l'emplacement contenu entre la Colonnade & le Portail de S. *Germain l'Auxerrois*, ſauf à l'achever, le reſtaurer, ou le cacher par un autre Portail de meilleur goût, comme on a fait à S. *Gervais*. Ses projets furent admirés de tout le monde, & on ne les accepta pas ; on projetta plusieurs autres Places dans différens endroits du Fauxbourg S. Germain ; aucun de ses desseins n'a eu lieu ; & enfin on s'est déterminé, comme je l'ai observé plus haut, à placer la Statue Equestre du Roi dans l'Esplanade des *Champs Elisées*, en face du Pont-Tournant des Thuilleries. La forme & la décoration ne sont point encore décidées. La situation en est avantageuse à bien des égards ; on peut y faire du beau, pourvû qu'on n'y fasse point trop de Bâtimens, ce qui ôteroit la vûe d'un des plus beaux endroits qu'il y ait dans le monde connu. Cependant il faut convenir que la Place projettée devant le Louvre auroit eû l'avantage d'être dans la Ville, & au milieu d'un de ses plus beaux quartiers : avantage que l'autre place n'aura pas, puisqu'elle sera au-dehors.

Nous terminâmes là notre courte promenade & nos longues conversations. Je n'entrai, comme on a vû, avec mon Ami dans aucun détail ſur les trois articles que nous traitâmes ; je ne lui préſentai que quelques objets. Je lui indiquai, avant que de nous ſéparer, les Livres dans leſquels on trouve ces détails ; je lui conſeillai de les lire quand il en auroit le loiſir ; il me le promit & nous nous quittâmes. A quelque tems delà nous nous rejoignîmes ; mon Ami avoit beaucoup lû, beaucoup vû ; il avoit réfléchi & comparé ; je ne fus point étonné de le trouver *Connoiſſeur*. Ce me fut une nouvelle preuve de ce que j'ai oſé avancer dans mon Avertiſſement, qu'avec quelques diſpoſitions naturelles, de l'application, de la réflèxion, & en comparant, on pouvoit acquérir bien des Connoiſſances en ces matières.

On le peut, je l'eſſaie ; un plus Sçavant le faſſe.
LA FONTAINE, L. 2. Fab. 1.

FIN.

www.ingramcontent.com/pod-product-compliance
Ingram Content Group UK Ltd.
Pitfield, Milton Keynes, MK11 3LW, UK
UKHW031925260826
14628UKWH00003B/1418

9 782013 083683